あなたの夢がかないますように

浅見帆帆子
Hohoko Asami

ダイヤモンド社

はじめに

人《ひと》は、夢《ゆめ》に向《む》かっているとき、ワクワクと充実《じゅうじつ》した気持《きも》ちを味《あじ》わうことができます。

夢《ゆめ》に向《む》かっている途中《とちゅう》のアツイ気持《きも》ち、実現《じつげん》したときの幸《しあわ》せな気持《きも》ち、自分《じぶん》の夢《ゆめ》によって他人《たにん》も幸《しあわ》せになる喜《よろこ》び……それらは女性《じょせい》でも男性《だんせい》でも、ビジネスマンでも主婦《しゅふ》でも、大人《おとな》でも子供《こども》でも同《おな》じように感《かん》じます。

夢《ゆめ》を実現《じつげん》させていく途中《とちゅう》に起《お》こるいろいろなハプニング（出来事《できごと》）は、自分《じぶん》を成長《せいちょう》させてくれます。

「成長《せいちょう》」と言《い》うとつらいことのようにも聞《き》こえますが、途中《とちゅう》の出来事《できごと》を通《とお》してあなたの世界《せかい》がどんどん広《ひろ》がり、新《あたら》しい体験《たいけん》や感情《かんじょう》を味《あじ》わい、今《いま》まで以上《いじょう》に深《ふか》い幸《しあわ》せを感《かん》じるようになるので、「つらく苦《くる》しいことばかりだった」という感想《かんそう》だけで終《お》わることはないのです。

夢《ゆめ》に向《む》かっている途中《とちゅう》で、今《いま》の人生《じんせい》での自分《じぶん》の使命《しめい》や、運《うん》がよくなる仕組《しく》みや、今《いま》まで疑問《ぎもん》に思《おも》っていたことがわかることもあります。

この「途中《とちゅう》に起《お》こる体験《たいけん》」こそ貴重《きちょう》であり、それを味《あじ》わうだけでも充分《じゅうぶん》に夢《ゆめ》を持《も》つ意味《いみ》があったことを感《かん》じるはずです。

夢《ゆめ》は、誰《だれ》もが感動《かんどう》するような大《おお》きなことである必要《ひつよう》はありません。

今《いま》のあなたが本音《ほんね》で感《かん》じる幸《しあわ》せな状況《じょうきょう》、その夢《ゆめ》によってあなたもまわりの人《ひと》も幸《しあわ》せを感《かん》じるようなことであれば、なんだっていいのです。

人《ひと》にはそれぞれの役目《やくめ》があるので、社会的《しゃかいてき》に大《おお》きな影響《えいきょう》を与《あた》えるようなことを夢《ゆめ》にしているから素晴《すば》らしいというわけではなく、そこにいる本人《ほんにん》（あなた自身《じしん》）が、「生《い》きているって素晴《すば》らしい」と感《かん》じるために夢《ゆめ》がある、と私《わたし》は思《おも》います。

逆《ぎゃく》に言《い》えば、その充実感《じゅうじつかん》と生《い》きる喜《よろこ》びを日常生活《にちじょうせいかつ》で深《ふか》く感《かん》じられている人《ひと》は、夢《ゆめ》は必要《ひつよう》ないかもしれません。ですから、「自分《じぶん》には夢《ゆめ》がない」と落《お》ち込《こ》む必要《ひつよう》もまったくないのです。なにも起《お》こらない普通《ふつう》の生活《せいかつ》で、最高《さいこう》の幸《しあわ》せを感《かん》じて暮《く》らしていける人《ひと》は、それはそれでレベルの高《たか》いものです。「平凡《へいぼん》」というのは、実《じつ》は素晴《すば》らしいことだと思《おも》います。

あなたが夢《ゆめ》のことを思《おも》い続《つづ》け、ワクワクと楽《たの》しく進《すす》んでいる限《かぎ》り、夢《ゆめ》は必《かなら》ず近《ちか》づいてきます。

その夢《ゆめ》が、あなただけの利益《りえき》を追求《ついきゅう》したり、世間《せけん》にウソをついていたり、大《おお》きく見《み》て人類《じんるい》や地球《ちきゅう》を破壊《はかい》するようなことにならない限《かぎ》り、どんなことでも、今《いま》のあなたが思《おも》い描《えが》く夢《ゆめ》は必《かなら》ず実現《じつげん》できます。

あなたの思《おも》いが、あなたの未来《みらい》を決《き》めているからです。

夢《ゆめ》の途中《とちゅう》でくじけそうになったら、ガックリと疲《つか》れることがあったら、そっと開《ひら》いて思《おも》い出《だ》してください。

起《お》こることは、みんなあなたにとってベストなことです。

あなたの夢《ゆめ》がかないますように

浅見《あさみ》　帆帆子《ほほこ》

あなたの夢《ゆめ》がかないますように

あなたがいつも考《かんが》えていること、

それがそのままあなたの未来《みらい》になる。

今日《きょう》あなたが夢《ゆめ》を思《おも》い始《はじ》めれば、

必《かなら》ずそこに向《む》かって道《みち》ができる。

あなたから見《み》て
どんなにすごいことを達成《たっせい》している人《ひと》でも、
昔《むかし》から見《み》れば信《しん》じられないような文明《ぶんめい》の利器《りき》も、
すべては誰《だれ》かの
「こうだといいなあ」という「思《おも》い」から始《はじ》まった。
みんな、あなたと同《おな》じ人間《にんげん》がしていること。

あなたにも夢《ゆめ》の実現力《じつげんりょく》がある。

人《ひと》は誰《だれ》でも「思《おも》って→行動《こうどう》に出《で》る」のですから、「思《おも》い」が変《か》われば、当然未来《とうぜんみらい》も変《か》わってきます。まずは純粋《じゅんすい》に「こうだといいなあ」という夢《ゆめ》を思《おも》い描《えが》いてください。「思《おも》ってもかなうはずがない」と感《かん》じてしまうのは、「思《おも》うこと」にものすごいパワーがあることを知《し》らないからです。はじめから「多分無理《たぶんむり》だけど」と決《き》めつけているからです。なにも考《かんが》えていなかったあなたと、夢《ゆめ》を楽《たの》しく考《かんが》え始《はじ》めたあなたに、起《お》こることが同《おな》じはずはありません。

あなたの夢《ゆめ》はなんですか？

強《つよ》く思《おも》っていることは、必《かなら》ず引《ひ》き寄《よ》せられてくる。
運《うん》がいいと思《おも》っている人《ひと》に運《うん》のいいことが起《お》こるように、
優《やさ》しい人《ひと》のまわりに優《やさ》しい人《ひと》が集《あつ》まるように、
まわりに起《お》こることは、あなたの心《こころ》の鏡《かがみ》。

夢《ゆめ》を実現《じつげん》したければ、
夢《ゆめ》のことを思《おも》い続《つづ》けるあなたになればいい。

夢《ゆめ》、希望《きぼう》、幸《しあわ》せな状況《じょうきょう》を思《おも》っているとき、

あなたの顔《かお》は自然《しぜん》と笑顔《えがお》になり、

話《はな》す言葉《ことば》は明《あか》るくなり、

心《こころ》が知《し》らないうちに明《あか》るいエネルギーでいっぱいになる。

すると自然《しぜん》と明《あか》るい人《ひと》たちが集《あつ》まって、

同《おな》じエネルギーがたくさんになれば、

あなたの気持《きも》ちはもっと盛《も》り上《あ》がる。

ぼんやり描《えが》いていた夢《ゆめ》の映像《えいぞう》もはっきりしてくる。

行動《こうどう》だって、自然《しぜん》と変《か》わる。

夢《ゆめ》を思《おも》い始《はじ》めただけで、

これまでのあなたとはまったく違《ちが》う変化《へんか》が起《お》きている。

夢《ゆめ》を具体的《ぐたいてき》にイメージしてみよう。

すでに実現《じつげん》したつもりになって思《おも》い描《えが》こう。

あなたは、夢《ゆめ》が実現《じつげん》して

どんなふうに感《かん》じますか？

たっぷりと幸《しあわ》せを味《あじ》わっていますか？

どこで？　誰《だれ》と？

まわりの人《ひと》のうれしそうな様子《ようす》が見《み》えますか？

その夢《ゆめ》のおかげで、

ほかの人《ひと》も幸《しあわ》せになりましたか？

夢《ゆめ》が実現《じつげん》したら、次《つぎ》はなにをしますか？

一番大事《いちばんだいじ》なのは、

実現《じつげん》したときの「気持《きも》ち」を想像《そうぞう》すること。

幸《しあわ》せな気持《きも》ちを先《さき》に味《あじ》わうと、

あなたの脳《のう》は、

それがすでに起《お》こったことだと勘違《かんちが》いをしてくれる。

そして現実《げんじつ》の世界《せかい》に似《に》たようなことを起《お》こしてくれる。

感動《かんどう》して、涙《なみだ》が出《で》るくらいまで想像《そうぞう》できれば、

イメージは完璧《かんぺき》。

必《かなら》ずそれに近《ちか》づくことが起《お》こり始《はじ》める。

リラックスした状態で
正直に想像しよう

鼻が
じゃまだなぁ…
ちょっと!!
リアルだなぁ

夢《ゆめ》のことを考《かんが》えていると、

夢《ゆめ》に必要《ひつよう》な情報《じょうほう》が集《あつ》まってくる。

ヒントになることが目《め》にとまったり、

同《おな》じ考《かんが》えの人《ひと》と出会《であ》ったり、

お手本《てほん》になる人《ひと》が現《あらわ》れたり、

興味《きょうみ》をもって始《はじ》めたことが、

いつのまにか夢《ゆめ》につながる展開《てんかい》をしていくときもある。

まるで、あなたの心《こころ》を読《よ》んでいるように、

ぴったりのことがどんどん集《あつ》まってくる。

はじめは小《ちい》さな変化《へんか》だけど、
確実《かくじつ》になにかが変《か》わっている。
この小《ちい》さな変化《へんか》を、きちんと感《かん》じること。
それが大事《だいじ》。

心《こころ》に思《おも》っていることと同《おな》じことが外側《そとがわ》に起《お》こる現象《げんしょう》を、心理学《しんりがく》の用語《ようご》で「シンクロニシティ」と言《い》います。偶然《ぐうぜん》のようでいて意味《いみ》がある、「意味《いみ》のある偶然《ぐうぜん》の一致《いっち》」です。ほかの人《ひと》には意味《いみ》がなくても、あなたにとっては意味《いみ》のある情報《じょうほう》になるのです。夢《ゆめ》が実現《じつげん》していくときは、シンクロニシティがたくさん起《お》こります。

最初は特に感じ入って、

小さなことにも喜ぶ

心《こころ》がワクワクする夢《ゆめ》かどうか、いつも確認《かくにん》しよう。
夢《ゆめ》は頭《あたま》で考《かんが》えて作《つく》り出《だ》すものではなく、
感動《かんどう》したり、刺激《しげき》を受《う》けたり、
強《つよ》い思《おも》いがあってはじめてできるもの。

心《こころ》が動《うご》いてできた夢《ゆめ》じゃないと、アツイ気持《きも》ちになれない。
アツイ気持《きも》ちにならなければ、行動《こうどう》にうつせない。
実現《じつげん》したときの幸《しあわ》せを想像《そうぞう》することもできない。

ガッツポーズをするような力強《ちからづよ》さでなくていい。
静《しず》かなワクワクでもいい。
そこにあなたなりの気持《きも》ちの盛《も》り上《あ》がりがあるかどうか。

心《こころ》が動《うご》いた夢《ゆめ》だけが、実現《じつげん》する。

どうしよう
私、夢がないんだけど

いいじゃん べつに…
ムリして つくらなくていいよ

本当に夢ができるときは、
もっと あっという間だよ。

「こうなりたくない」という夢《ゆめ》の設定《せってい》はやめよう。
「こうなりたくない」と思《おも》うとき、
あなたはその「なりたくないもの」を
リアルにイメージしているはず。
リアルにイメージした「なりたくないこと」が、
そのまま現実《げんじつ》になってしまう。

夢《ゆめ》の動機《どうき》は、「こうなりたくない」ではなく、
「こうなりたい」から始《はじ》めよう。

思《おも》い描《えが》くたびに、「こうなりたくない」という
恐怖《きょうふ》に縛《しば》られる夢《ゆめ》は、そのたびにマイナスの
気持《きも》ちになります。

ここばかり考えてる…

太りたくない
＝
ヤセたい

ヤセたい
＝
太りたくない

ほかの人《ひと》の幸《しあわ》せの基準《きじゅん》は、あくまで「ほかの人《ひと》の基準《きじゅん》」。
あなたはあなたの基準《きじゅん》でいい。
「こういうことが幸《しあわ》せ」といくらまわりに言《い》われても、
あなたがそう感《かん》じないのであれば意味《いみ》がない。

あの人《ひと》よりもこうなりたいから
世間《せけん》ではそれが格好《かっこう》いいとされているから
まわりの人《ひと》がみんなそうだから
○○に期待《きたい》されているから
……それを かなえて幸《しあわ》せかな？

他人《たにん》から押《お》しつけられた夢《ゆめ》、人《ひと》と比《くら》べてできた夢《ゆめ》は
実現《じつげん》しても幸《しあわ》せを感《かん》じないはず。

あなたの夢《ゆめ》は、
あなたが本心《ほんしん》から望《のぞ》んでいることですか？

次《つぎ》の人生《じんせい》があるとしても、今回《こんかい》の人生《じんせい》は今回《こんかい》だけ。

だから、今《いま》のあなたが本当《ほんとう》に「いい！」

と感《かん》じることを思《おも》う存分《ぞんぶん》にやろう。

どうやって夢《ゆめ》が実現《じつげん》していくかという方法《ほうほう》は、
今《いま》すぐ思《おも》いつかなくても大丈夫《だいじょうぶ》。
途中《とちゅう》の道《みち》まで決《き》めてしまったら、
思《おも》いがけないところにヒントがあるときに気付《きづ》けない。

あとから思《おも》い出《だ》すと、
当時《とうじ》は思《おも》い通《どお》りにいかずに悩《なや》んだこと、
つらくて嫌《いや》なことに感《かん》じたハプニング、
それこそが、夢《ゆめ》に近《ちか》づくきっかけになっていたりする。
もしあれを避《さ》けていたら、
夢《ゆめ》は遠《とお》のいていたかもしれない。

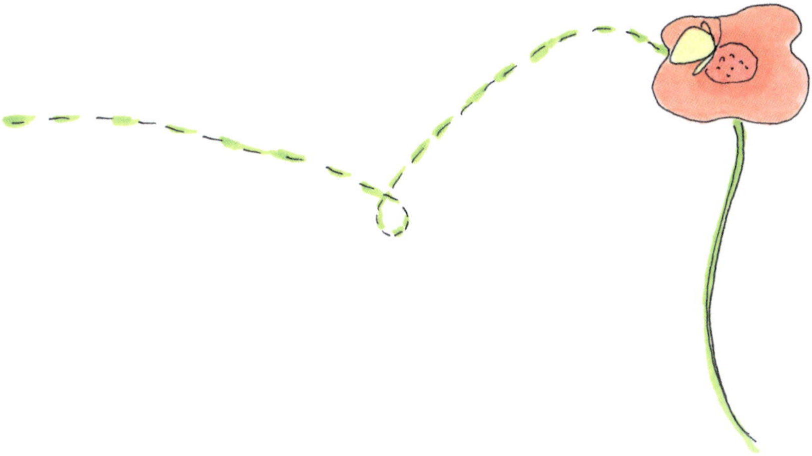

なにがきっかけになるかはわからない。
これは夢《ゆめ》に関係《かんけい》ないと勝手《かって》に決《き》めてはもったいない。

夢《ゆめ》のことを考《かんが》えているあなたがいる限《かぎ》り、そこに引《ひ》き寄《よ》せられてくることはみんな夢《ゆめ》に必要《ひつよう》なことです。だから安心《あんしん》してください。遠《とお》まわりはひとつもありません。

すべて夢《ゆめ》につながっていると思《おも》い、

安心《あんしん》して受《う》け入《い》れよう。

途中《とちゅう》の道《みち》を楽《たの》しもう。

夢《ゆめ》を実現《じつげん》した人《ひと》はみんな、思《おも》いがけない出来事《できごと》（当時《とうじ》は試練《しれん》のように感《かん》じたこと）こそが、自分《じぶん》の夢《ゆめ》になくてはならない貴重《きちょう》なものだった、という経験《けいけん》をしています。「どれひとつが欠《か》けても、夢《ゆめ》の実現《じつげん》はなかった」という表現《ひょうげん》は本当《ほんとう》で、途中《とちゅう》の過程《かてい》にこそ、素晴《すば》らしく面白《おもしろ》い体験《たいけん》が待《ま》っています。

アンテナが動《うご》いたら、興味《きょうみ》が湧《わ》いたら、すぐに動《うご》こう。

せっかく心《こころ》が動《うご》いたのに、
いろんな理由《りゆう》をつけて先延《さきの》ばしにしていると、
あとから動《うご》いてもタイミングがずれている。

アツイ気持《きも》ちの今《いま》がチャンス。

あなたが思《おも》いつくこと、目《め》にとまることに偶然《ぐうぜん》はなく、あなたの夢《ゆめ》に必要《ひつよう》だから今思《いまおも》いついているのです。あなたは毎日数《まいにちかぞ》え切《き》れないほどたくさんのものを見《み》たり聞《き》いたりしてそのほとんどのことは忘《わす》れているのに、それだけに強《つよ》く心《こころ》を動《うご》かされたということは、あなたにとって意味《いみ》があることだからです。

ちょっと
行ってくる!!

迷《まよ》ったら本音《ほんね》で選《えら》べばいい。

あなたの本音《ほんね》が感《かん》じていること、実《じつ》はそれが直感《ちょっかん》です。

特《とく》に理由《りゆう》はないけれど

「それいい！　好《す》き！　素晴《すば》らしい！」

と気《き》が動《うご》いたこと

「やったほうがいい」と心《こころ》が叫《さけ》んでいること

なんだか気《き》になること

を素直《すなお》に選《えら》び、

特《とく》に理由《りゆう》はないけれど

なにかが引《ひ》っかかる
考《かんが》えるとモヤモヤする
良心《りょうしん》がとがめる
なぜか気持《きも》ちが盛《も》り上《あ》がらない

と感《かん》じることはしなくていい。

または、ちょっと様子《ようす》を見《み》てみよう。

ためしに実験《じっけん》をしてみよう。

「なんだか違《ちが》う」という直感《ちょっかん》を無視《むし》して進《すす》めると、
あとになってうまくいかないことが起《お》こったりする。

誰《だれ》も反応《はんのう》しなくても、
あなたが「面白《おもしろ》い！」と思《おも》うことを選《えら》んでみると、
思《おも》いがけなく楽《たの》しい展開《てんかい》があったりする。

なぜそう思《おも》ったのか理由《りゆう》がなくても、
「なんだかそう思《おも》ってしまった」という感覚《かんかく》が答《こた》え。
この理由《りゆう》のない思《おも》いを、
どこまで自分《じぶん》に必要《ひつよう》な情報《じょうほう》と捉《とら》えるか、
それが直感《ちょっかん》を利用《りよう》するということ。

運《うん》のいい人《ひと》が行動《こうどう》するとき、はじめの理由《りゆう》が「ふと思《おも》いついたから。心《こころ》がやるべきだと叫《さけ》んでいたから」という場合《ばあい》がよくあります。まわりから見《み》れば突然《とつぜん》の行動《こうどう》に見《み》えても、本人《ほんにん》にしてみると、自分《じぶん》の本音《ほんね》（直感《ちょっかん》）を行動《こうどう》に移《うつ》しているだけなのです。運《うん》のいい人《ひと》は、自分《じぶん》の直感《ちょっかん》を信頼《しんらい》しています。

直感《ちょっかん》は、

見《み》えないどこかから来《き》ているありがたい情報《じょうほう》。

あなたの少《すこ》し先《さき》の未来《みらい》を教《おし》えてくれている。

その感覚《かんかく》に素直《すなお》になろう。

直感《ちょっかん》で思《おも》いつくことは、

あなたの常識《じょうしき》では理解《りかい》できないことも多《おお》い。

自分《じぶん》にはできないことを思《おも》いついたり、

それをしてもなんにもならない

と感《かん》じることだったり、

どうしてこんなことを思《おも》いついたんだろう

と不思議《ふしぎ》に思《おも》ったりする。

でも、あなたが頭《あたま》で考《かんが》えていることは、

ただの思《おも》い込《こ》みかもしれない。

今《いま》までの少《すく》ない経験《けいけん》だけで判断《はんだん》しているかもしれない。

せっかくすごいことを思《おも》いついているのに、

自分《じぶん》でつぶそうとしているのかもしれない。

そんなことをしてもなんにもならない

自分《じぶん》の夢《ゆめ》には関係《かんけい》ない

できるはずがない

今回《こんかい》も前《まえ》と同《おな》じ失敗《しっぱい》をするかもしれない

あの人《ひと》にはできても、

自分《じぶん》には無理《むり》だろう

そんなこと
どうしてわかるの?
まだ ためしてもいないのに

あなたの可能性《かのうせい》は、
あなたが思《おも》っているよりずっと大《おお》きい。

人《ひと》は、自分《じぶん》に不可能《ふかのう》なことを思《おも》いつくことはありません。たとえば、あなたがなりたいものを想像《そうぞう》するとき、本気《ほんき》で「総理大臣《そうりだいじん》！」と思《おも》う人《ひと》もいれば、「なれたとしてもなりたくない」と思《おも》う人《ひと》もいるのです。どちらが良《よ》いか悪《わる》いかではなく、誰《だれ》でも、自分《じぶん》の想像《そうぞう》できる限界《げんかい》ギリギリのところを思《おも》いついているのです。今《いま》のあなたがどんなにそれを大変《たいへん》なことだと思《おも》っても、本気《ほんき》で思《おも》っているのであれば、必《かなら》ず道《みち》が開《ひら》けます。

ここまでと思っていたら
ここまでだよ

その枠、いらないよ…

AとBの道《みち》があるとき、
両方《りょうほう》を同時《どうじ》にためすことはできない。だとしたら、
あなたの本音《ほんね》で選《えら》んだほうがずっと楽《らく》になる。

すべてを本音《ほんね》で選《えら》ぶようになると、自分《じぶん》で選《えら》んでいるので、後悔《こうかい》がなくなります。本音《ほんね》と違《ちが》うことをしていくと、うまくいかなかったときに、他《ほか》の誰《だれ》かのせいにしたくなります。

自分《じぶん》で選《えら》べないこと、
嫌《いや》だなあと思《おも》うことをしなくてはならないときは
それを好《す》きになって始《はじ》めよう。
どんなことにでも、
ひとつくらい面白《おもしろ》いことは隠《かく》れている。

なんでもいいからプラスの面《めん》を見《み》つけ、
そこだけを見《み》て進《すす》む！　と決《き》めてしまおう。
どうせしなくてはいけないのだったら、
その時間《じかん》を楽《たの》しく過《す》ごしたほうがいい。

大事《だいじ》なことは、嫌々《いやいや》の気持《きも》ちのまま始《はじ》めないことです。どんな理由《りゆう》でもいいから、明《あか》るいところを見《み》つけて進《すす》むことです。明《あか》るい気持《きも》ちでそれに向《む》かえば、それがきっかけで面白《おもしろ》いなにかが起《お》こったり、思《おも》っていたよりずっと楽《たの》しく終《お》えられたことにあとで気付《きづ》いたりします。

テーマを決《き》めよう。

トレーニングだと思《おも》い、

今《いま》の自分《じぶん》にできる最高《さいこう》の働《はたら》きをしてみよう

自分《じぶん》へのご褒美《ほうび》を用意《ようい》しておこう

出会《であ》いがあるかもしれない

意外《いがい》と楽《たの》しいかもしれない

これが夢《ゆめ》につながるかもしれない

なんだ、楽しそうなこと
意外とたくさんあるじゃない

あなたが今《いま》の生活《せいかつ》になんの楽《たの》しみも感《かん》じないとしたら、
それは、あなたがマイナスの面《めん》だけを見《み》ているから。
別《べつ》の人《ひと》があなたの生活《せいかつ》を体験《たいけん》したら、
もっともっと面白《おもしろ》いことを見《み》つけるかもしれない。

運《うん》のいい人《ひと》に
いいことしか起《お》こっていないように見《み》えるのは、
その人《ひと》が、起《お》きたことのプラスの面《めん》を見《み》ているから。
楽《たの》しそうに見《み》える人《ひと》でも、
起《お》きていることは、結構自分《けっこうじぶん》と変《か》わらなかったりする。

起《お》きている物事《ものごと》に「良《よ》い、悪《わる》い」はない。
あなたがそこにどんな感想《かんそう》をもつかで変《か》わってくる。

もう
半分しかない
まだ半分もある
やったぁ〜
う〜れし〜
コップに水半分

ど〜して
こんなにひどいことが…
これくらいで済んで
よかった

ちっとも
近づかない
夢
はじめに比べたら
ずい分 近づいた

夢《ゆめ》に向《む》かう途中《とちゅう》には、いろんなことが起《お》こる。

起《お》きたことのプラスの面《めん》を見《み》るようにすると、
そこからプラスの発展《はってん》が起《お》こる。
新《あたら》しい発見《はっけん》や、人《ひと》の縁《えん》や、
自分《じぶん》を進化《しんか》させてくれるなにかが見《み》つかる。
「プラスを見《み》よう」と意識《いしき》しただけで変《か》わってくる。

マイナスの面《めん》だけを見《み》てあきらめてしまえば、
そこで夢《ゆめ》は終《お》わる。

もうダメだ
終わった
あっそう…
じゃあダメだね

見て見て〜
すごい〜？

もうダメだ
終わった
あっそう…
じゃあダメだね

見て見て〜
すごい〜?

あなたの人生《じんせい》は、あなたが楽《たの》しむためにある。

であれば、

あなたの心《こころ》が楽《たの》しくなるように考《かんが》えていったほうがいい。

プラス思考《しこう》をしたほうが、人生《じんせい》は圧倒的《あっとうてき》に楽《たの》しい。

起《お》きてもいないことを心配《しんぱい》するのはやめよう。
解決策《かいけつさく》の見《み》つからないことは考《かんが》えるのをやめよう。

考《かんが》えることが解決《かいけつ》につながると
思《おも》いこんでいるときがあるけれど、
不安《ふあん》になるだけでちっとも答《こた》えの出《で》ていないときがある。
不安《ふあん》になるだけだったら、考《かんが》えないほうがずっといい。

不安《ふあん》な気持《きも》ちを残《のこ》していると、
関係《かんけい》ないことにイライラしたり、
運《うん》の悪《わる》いことが続《つづ》いたり、
「不安《ふあん》」という心《こころ》にぴったりのことを引《ひ》き寄《よ》せ始《はじ》める。

忘《わす》れられるのもプラス思考《しこう》のひとつ。

「考《かんが》えない」というのは逃《に》げることではありません。できるだけのことはしたら、あとは心配《しんぱい》しないほうがいい、という意味《いみ》です。心《こころ》に思《おも》っている通《とお》りの未来《みらい》がやってくる、と思《おも》い出《だ》してください。つまり、心配《しんぱい》すればするほど、その映像《えいぞう》の通《とお》りになるのです。余計《よけい》なことを考《かんが》えている暇《ひま》があったら、実現《じつげん》させたい夢《ゆめ》のことに意識《いしき》を集中《しゅうちゅう》しましょう。

考《かんが》え続《つづ》けて一ヶ月《いっかげつ》たっても、今日《きょう》しか考《かんが》えなくても、
その出来事自体《できごとじたい》は変《か》わらない。

だったら、ドヨンと沈《しず》むのは今日《きょう》まで！
明日《あす》から忘《わす》れよう。

過去《かこ》のことを思《おも》い出《だ》して暗《くら》い気持《きも》ちになる必要《ひつよう》もない。

それはもう過去《かこ》のこと。

過去《かこ》にどんなことがあったとしても、

今《いま》のあなたには関係《かんけい》ない。

関係《かんけい》あるとすれば、あなたがそれを

「嫌《いや》なこと」として考《かんが》え続《つづ》けているから。

今《いま》それを思《おも》い出《だ》して悶々《もんもん》とすれば、

そのマイナスの意識《いしき》と同《おな》じ物事《ものごと》を引《ひ》き寄《よ》せ始《はじ》める。

モヤモヤした心《こころ》のまま、嫌《いや》な出来事《できごと》に蓋《ふた》をする、という意味《いみ》ではありません。それが起《お》きた意味《いみ》を考《かんが》えて反省《はんせい》したら、あとはどれだけ早《はや》く「なかったこと」にできるかで先《さき》が変《か》わる、ということです。運《うん》がいい人《ひと》にも嫌《いや》なことは起《お》こる、でも切《き》り替《か》えるのが早《はや》いのです。早《はや》すぎるので、まわりにはなにも起《お》こっていないように見《み》えたりします。

それでもなかなか忘《わす》れられない嫌《いや》なこと、
気《き》になって仕方《しかた》のないことは、
イメージのなかで箱《はこ》に入《い》れて鍵《かぎ》をかけ、川《かわ》に流《なが》そう。
さようなら。

または、宇宙《うちゅう》のかなたへロケットで飛《と》ばそう

今日《きょう》から新《あたら》しい自分《じぶん》!!

きのうまでの自分《じぶん》を変《か》えたいとき、朝《あさ》目覚《めざ》めたときに、「今日《きょう》から新《あたら》しい自分《じぶん》!!」と思《おも》ってみてください。新《あたら》しい朝《あさ》になったら、いつでもリセットできるのです。

夢《ゆめ》を言葉《ことば》にしよう。
実現《じつげん》したらうれしいことを口《くち》に出《だ》し、
そうなっては困《こま》ることは言葉《ことば》にしない、
と今日《きょう》から決《き》めよう。
言葉《ことば》には言霊《ことだま》があり、
口《くち》に出《だ》す言葉《ことば》の通《とお》りに現実《げんじつ》を動《うご》かしていく力《ちから》がある。

あなたが夢《ゆめ》のことを話《はな》していると、
まわりの人《ひと》もあなたをそういう目《め》で眺《なが》めるようになる。
「あの人《ひと》は○○になるらしい」
「○○を実現《じつげん》させるつもりらしい」……
その思《おも》いがあなたに集《あつ》まれば、
みんなの意識《いしき》があなたの夢《ゆめ》を実現《じつげん》へ押《お》し上《あ》げる。

あなたが「絶対無理《ぜったいむり》」と言《い》っていたら、
「そうだね、無理《むり》だろう、
だってあなたがそう思《おも》っているんだもん」
とみんなも思《おも》う。

夢《ゆめ》のことを楽《たの》しそうに話《はな》している人《ひと》は、
なんだか応援《おうえん》したくなってくる。
あなたが夢《ゆめ》に向《む》かって楽《たの》しく進《すす》んでいれば、
応援《おうえん》してくれる人《ひと》は勝手《かって》に集《あつ》まる。

夢《ゆめ》を実現《じつげん》する人《ひと》は、実現《じつげん》する前《まえ》からまるでそうなる予定《よてい》があるかのように話《はな》しています。本人《ほんにん》にとっては実現《じつげん》の映像《えいぞう》が見《み》えているからで、そこを本気《ほんき》で信《しん》じているからです。

夢《ゆめ》をまわりの人《ひと》に話《はな》すときは、

たとえ反対《はんたい》されても気《き》にしないこと。

「多分《たぶん》、無理《むり》だよ」

「難《むずか》しくない？」

と反対《はんたい》する人《ひと》は必《かなら》ずいるし、

あなたが期待《きたい》する反応《はんのう》が必《かなら》ず返《かえ》ってくるとは限《かぎ》らない。

まわりの反応《はんのう》に、いちいち揺《ゆ》れなくていい。
あなたさえ強《つよ》く思《おも》っていれば、気《き》にならないこと。

夢《ゆめ》を思《おも》い出《だ》すものを用意《ようい》しよう。

あなたの夢《ゆめ》を象徴《しょうちょう》するもの、

言葉《ことば》、写真《しゃしん》、切《き》り抜《ぬ》き、

刺激《しげき》を与《あた》えてくれる誰《だれ》かの写真《しゃしん》、

全部《ぜんぶ》まとめてボードに貼《は》ろう。

見《み》えるところに貼《は》っておいて、

今《いま》はここに向《む》かっているんだなと思《おも》い出《だ》そう。

これ、
いいねえ～

夢《ゆめ》を思《おも》い描《えが》くのは大事《だいじ》だけれど、

思《おも》い過《す》ぎて「執着《しゅうちゃく》」になったら逆効果《ぎゃくこうか》。

執着《しゅうちゃく》すると、途端《とたん》に夢《ゆめ》は実現《じつげん》しにくくなる。なぜなら、

実現《じつげん》しなかったらどうしよう……と心配《しんぱい》を始《はじ》めるから。

宣言《せんげん》したのにかなわなかったら恥《は》ずかしい……

なんて思《おも》い始《はじ》めるから。

人生《じんせい》を楽《たの》しむために夢《ゆめ》があったのに

これじゃあちっともワクワクしない。

夢《ゆめ》に対《たい》して、

これだけが絶対《ぜったい》の幸《しあわ》せ

これが実現《じつげん》しなかったら幸《しあわ》せになれない、

と感《かん》じ始《はじ》めたら要注意《ようちゅうい》。

夢がなかったときのほうが幸せだったんじゃない？
かなわなかったらどうしよう
くるしい〜

執着《しゅうちゃく》しないで思《おも》い描《えが》くには、

あなたが楽《たの》しくなるように夢《ゆめ》を考《かんが》えること。

ズバリ！

夢《ゆめ》ができた一番《いちばん》はじめの気持《きも》ちのままで思《おも》えばいい。

はじめのときの純粋《じゅんすい》な気持《きも》ち、

「こうしたい、こうなりたい、こうなったらみんなが幸《しあわ》せ」

という、あのときの気持《きも》ちのままで思《おも》えばいい。

子供《こども》がなにかを望《のぞ》むとき、「実現《じつげん》しなかったらどうしよう」なんて考《かんが》えません。ただ純粋《じゅんすい》にそれを望《のぞ》んで、ワクワクしています。強《つよ》くてワクワクした思《おも》いがあれば、ものすごい努力《どりょく》も自然《しぜん》とできてしまうのです。つらい状況《じょうきょう》でも、「かなわなかったらどうしよう」なんて思《おも》いもしないはずです。夢《ゆめ》のことを思《おも》ったとき、実現《じつげん》しないことを想像《そうぞう》して憂鬱《ゆううつ》になったら要注意《ようちゅうい》です。

夢《ゆめ》を追《お》いながら、同時《どうじ》に、

今《いま》目《め》の前《まえ》にあることを精一杯楽《せいいっぱいたの》しむこと。

今日起《きょうお》こるひとつひとつに真剣《しんけん》に向《む》かうこと。

夢《ゆめ》はあなたの今《いま》の生活《せいかつ》の繰《く》り返《かえ》しの先《さき》にやってくる。

「この夢《ゆめ》を実現《じつげん》しなくちゃ幸《しあわ》せになれない」

と苦《くる》しく感《かん》じて追《お》っていたら、

実現《じつげん》していない「今《いま》」はずっと不幸《ふこう》

ということになってしまう。

今《いま》を不幸《ふこう》、と思《おも》っている人《ひと》に、
幸《しあわ》せな夢《ゆめ》は引《ひ》き寄《よ》せられない。
その「不幸《ふこう》」の思《おも》いに似《に》ていることが、
またやってくる。
「今《いま》」に幸《しあわ》せを感《かん》じて暮《く》らしていけば、
その思《おも》いがもっと幸《しあわ》せなことを引《ひ》き寄《よ》せる。

夢《ゆめ》を実現《じつげん》している人《ひと》は、普段《ふだん》から目《め》の前《まえ》の生活《せいかつ》を楽《たの》しんでいる人《ひと》です。実現《じつげん》したから楽《たの》しそうなのではなく、向《む》かっているときから楽《たの》しそうなのです。

物事《ものごと》にはなんでもタイミングがある。

今《いま》、夢《ゆめ》が動《うご》いていかないのは、

タイミングがずれているだけかもしれない。

そんなときは無理《むり》に動《うご》かず、自然《しぜん》の流《なが》れにまかせよう。

タイミングがそろえば、

自然《しぜん》と動《うご》くときがやってくる。

「こうしたい」と思《おも》うそのときすぐに実現《じつげん》しないと、

うまくいっていない気《き》がするのかな？

でもあとから見《み》れば

「あのときはまだ早《はや》すぎた」ということに

きっとなるから大丈夫《だいじょうぶ》。

少《すこ》し待《ま》てば、もっとスムーズに動《うご》くときが
やってくるかもしれない。そのほうが、
あなたにとってもまわりにとっても自然《しぜん》に動《うご》いて、
みんなが幸《しあわ》せを感《かん》じるかもしれない。
すべて最高《さいこう》のタイミングで起《お》こってくる。

動《うご》かないのは、どこかに無理《むり》がある証拠《しょうこ》。
そんなときに無理強《むりじ》いすれば、
その無理《むり》が噴《ふ》き出《だ》すときが必《かなら》ずくる。
流《なが》れるように進《すす》むときが　ベストなタイミング。

自然《しぜん》の流《なが》れにまかせよう。
すぐに動《うご》かないからって、
あきらめるのはまだ早《はや》い。

来るよ 来るよ～
もうすぐだよ

流《なが》れを変《か》えたいときには掃除《そうじ》をしよう。
掃除《そうじ》をすると、動《うご》いていなかった場所《ばしょ》に風《かぜ》が通《とお》る。
あなたが抱《かか》えている問題《もんだい》にも新《あたら》しい動《うご》きが出《で》てくる。

徹底的《てっていてき》に掃除《そうじ》をすると、なにかが動《うご》き出《だ》す。

風水《ふうすい》の基本《きほん》も、まずは「きれいにすること」です。神社仏閣《じんじゃぶっかく》などの神聖《しんせい》な場所《ばしょ》も、掃除《そうじ》から一日《いちにち》が始《はじ》まります。トイレのきれいなお店《みせ》は商売《しょうばい》が繁盛《はんじょう》すると言《い》われるように、掃除《そうじ》は「見《み》た目《め》がきれい」という効果《こうか》だけではなく、すべてにおいて「つまり」をなくし、流《なが》れをよくする効果《こうか》があるのです。

心のゴミを追い払うイメージで

夢《ゆめ》は、それを受《う》け取《と》るのに
ふさわしいあなたになったとき、はじめて実現《じつげん》する。
能力《のうりょく》、努力《どりょく》、タイミングももちろん大事《だいじ》、
でももっと大事《だいじ》なのは、
その夢《ゆめ》につりあう「心《こころ》」になっているかどうか。
夢《ゆめ》を幸《しあわ》せに実現《じつげん》している人《ひと》は、
その夢《ゆめ》にふさわしい人《ひと》であることが多《おお》い。
その「心《こころ》」になれば、
夢《ゆめ》は向《む》こうのほうからやってくる。

イメージして努力《どりょく》しているのに
まったく近《ちか》づいてこないのは、
「心《こころ》」の部分《ぶぶん》に足《た》りないなにかがあるのかもしれない。

もうちょっと
なんだけどなあ……

大《おお》きな事件《じけん》やトラブル、つらいことや嫌《いや》なことは、
あなたになにかを気付《きづ》かせるために起《お》きている。
どんな出来事《できごと》の裏《うら》にも、
あなたに伝《つた》えたいメッセージが隠《かく》されている。

その事件《じけん》が伝《つた》えようとしていることはなんだろう？

文句《もんく》ばかり言《い》っていた自分《じぶん》？

すぐにまわりのせいにしていた自分《じぶん》？

謙虚《けんきょ》さがなかった自分《じぶん》？

思《おも》いやりのなかった自分《じぶん》？

頑固《がんこ》な自分《じぶん》？

横柄《おうへい》な態度《たいど》だった自分《じぶん》？

他人《たにん》を認《みと》められない自分《じぶん》？

すべて自分《じぶん》の力《ちから》でやっていると思《おも》っていた自分《じぶん》？

感謝《かんしゃ》が足《た》りない自分《じぶん》？

その事件《じけん》をきっかけに、

人《ひと》の痛《いた》みや悲《かな》しみがわかるようになるかもしれない。

自分《じぶん》の間違《まちが》っていた態度《たいど》に気付《きづ》くかもしれない。

人生《じんせい》を大事《だいじ》に思《おも》うようになるかもしれない。

それこそあなたの夢《ゆめ》に必要《ひつよう》なことで、

これまでのあなたにはなかった考《かんが》えかもしれない。

それをクリアーしたとき、

あなたの夢《ゆめ》はグッと近《ちか》づく。

なにか あるはずだよ
気付くまで待つよ

事件《じけん》のなかにある
あなたに必要《ひつよう》なメッセージに気付《きづ》かずに、
不満《ふまん》や不安《ふあん》や怒《いか》りだけで終《お》わらせようとすると、
しばらくたってまた似《に》たような事件《じけん》が起《お》こる。
あなたが一度《いちど》で気付《きづ》かなかったから、
わからせるために、何度《なんど》でも起《お》きる。

でも！　気付《きづ》けば一瞬《いっしゅん》で変《か》われる。
悪《わる》いことが起《お》こる連鎖《れんさ》もすぐ止《と》まる。

一見悪《いっけんわる》いことが起《お》こったときほど、分《わ》かれ道《みち》です。それをきっかけに夢《ゆめ》が近《ちか》づくか、まわりのせいにして、悪《わる》いことの連鎖《れんさ》にはまっていくかの分《わ》かれ道《みち》。大《おお》きな嫌《いや》なことほど、大《おお》きく変《か》われるチャンスです。

病気《びょうき》になってはじめて健康《けんこう》のありがたみがわかる、

失《うしな》ってみてはじめて大事《だいじ》なことに気付《きづ》く……、

今《いま》まで気付《きづ》けなかった大事《だいじ》なことを

なにもない日常生活《にちじょうせいかつ》で気付《きづ》くのは大変《たいへん》なこと。

その事件《じけん》は、それを気付《きづ》かせるために起《お》きた。

ひとりでは気付《きづ》けなかった素晴《すば》らしいことを教《おし》えてくれた、

ありがたい出来事《できごと》。

ありがたいね〜
今気付いてよかったね〜
うん

起《お》こることはすべてベスト。

今《いま》、あなたがどんなにつらい状況《じょうきょう》だとしても、

いつか抜《ぬ》け出《だ》すときが来《く》るから大丈夫《だいじょうぶ》。

永遠《えいえん》に同《おな》じ状況《じょうきょう》が続《つづ》くことはありえない。

今《いま》ある縁《えん》を大事《だいじ》にしよう。
新《あたら》しいことは人《ひと》の縁《えん》が運《はこ》んでくることも多《おお》いけれど、
だからって一生懸命誰《いっしょうけんめいだれ》かとつながろうと思《おも》っても
なにも生《う》まれない。

あなたが人《ひと》を利用《りよう》しようとすれば、
まわりにもあなたを利用《りよう》しようとする人《ひと》が集《あつ》まる。
あなたがまわりを優《やさ》しい目《め》で眺《なが》めれば、
あなたのことも優《やさ》しい目《め》で見《み》ていてくれる人《ひと》が現《あらわ》れる。
まわりの成功《せいこう》を心《こころ》から喜《よろこ》んでいれば、
あなたの夢《ゆめ》を応援《おうえん》してくれる人《ひと》が現《あらわ》れる。

まわりにいる人《ひと》は、あなたの鏡《かがみ》。
「こんな人《ひと》と知《し》り合《あ》いたい」と思《おも》ったら、
そういう人《ひと》に自分《じぶん》がなればいい。
出会《であ》いたい人《ひと》に出会《であ》う、実《じつ》はすごく簡単《かんたん》なこと。

損得《そんとく》を考《かんが》えている人《ひと》のオーラは、まわりから見《み》てすぐにわかります。人生《じんせい》を変《か》えるような出会《であ》いも、今《いま》の縁《えん》のその先《さき》のその先《さき》の……とみんなつながっているのです。

あなたに必要《ひつよう》な人《ひと》は、必要《ひつよう》なときに必《かなら》ず現《あらわ》れる。
あなたの夢《ゆめ》を助《たす》けてくれる人《ひと》も、
必《かなら》ずいるから大丈夫《だいじょうぶ》。

なにをしてもしなくても、
出会《であ》うときには出会《であ》ってしまう。
そういう出会《であ》いが、誰《だれ》にでも用意《ようい》されている。

人生《じんせい》を変《か》えるような出会《であ》いは、ある程度決《ていどき》まっているようにやってきます。早《はや》すぎることも遅《おそ》すぎることもなく、絶妙《ぜつみょう》なタイミングで必《かなら》ずあなたにもやってきます。

こんにちは♡

あ… 出会っちゃったね…

家族《かぞく》を大事《だいじ》にしよう。

自分《じぶん》の一番近《いちばんちか》くにある縁《えん》は家族《かぞく》。

どんなに嫌《いや》な親《おや》だと思《おも》っても、
家族《かぞく》になにもしてもらっていないと感《かん》じても、
親《おや》がいなければあなたは生《う》まれてこなかった。
うれしいことや楽《たの》しいことを感《かん》じることができるのは、
親《おや》が生《う》んでくれたおかげ。

これからの時代《じだい》は、

人《ひと》の役《やく》に立《た》っていること、

誰《だれ》かを幸《しあわ》せにしていること、

自然《しぜん》や地球《ちきゅう》に恩返《おんがえ》しをしていること、

世界《せかい》を美《うつく》しくしようとしていること、

そういう夢《ゆめ》だけが実現《じつげん》する。

世界《せかい》が必要《ひつよう》としていることであれば、

その夢《ゆめ》はほうっておいても一人歩《ひとりある》きをしていく。

利益《りえき》だけを考《かんが》えている人《ひと》、

自分《じぶん》だけうまくやろうとしている人《ひと》は

流《なが》れが悪《わる》くなる時代《じだい》。

きれいごとではありません。まわりをどれだけ喜《よろこ》ばせたかが跳《は》ね返《かえ》ってくるからです。物質的《ぶっしつてき》に充分《じゅうぶん》に豊《ゆた》かになった現代《げんだい》は、人《ひと》は、本当《ほんとう》の意味《いみ》で心《こころ》が幸《しあわ》せを感《かん》じられるものにしか価値《かち》を見出《みいだ》さなくなります。世界《せかい》や地球《ちきゅう》が良《よ》い方向《ほうこう》へ向《む》かうのを助《たす》けていることだけが成功《せいこう》する時代《じだい》に、本当《ほんとう》に変《か》わってきているのです。

これからの時代《じだい》は、分《わ》け合《あ》う時代《じだい》。

「もっともっと」と物《もの》だけを追求《ついきゅう》していると、

いつか自分《じぶん》がむなしくなる。

もちろん、まずはあなたが豊《ゆた》かになっていい。

自分《じぶん》の幸《しあわ》せを犠牲《ぎせい》にしたら、

「まわりにこんなにしてあげているのに、

どうして自分《じぶん》は……」

と考《かんが》え始《はじ》めるときが必《かなら》ず来《く》る。

最初《さいしょ》は目《め》の前《まえ》の

「これが欲《ほ》しい、こうなりたい」でも大丈夫《だいじょうぶ》。

生活《せいかつ》を豊《ゆた》かにすることに目《め》を向《む》けても、

全然《ぜんぜん》かまわない。

他人《たにん》の生活《せいかつ》を変《か》えることができる人《ひと》は、その人《ひと》自身《じしん》が心《こころ》から幸《しあわ》せを感《かん》じて人生《じんせい》を楽《たの》しんでいる人《ひと》です。自分《じぶん》の生活《せいかつ》にすら幸《しあわ》せを感《かん》じられない人《ひと》が、まわりの人《ひと》の生活《せいかつ》を変《か》えようとするのはおこがましい、と私《わたし》は思《おも》います。

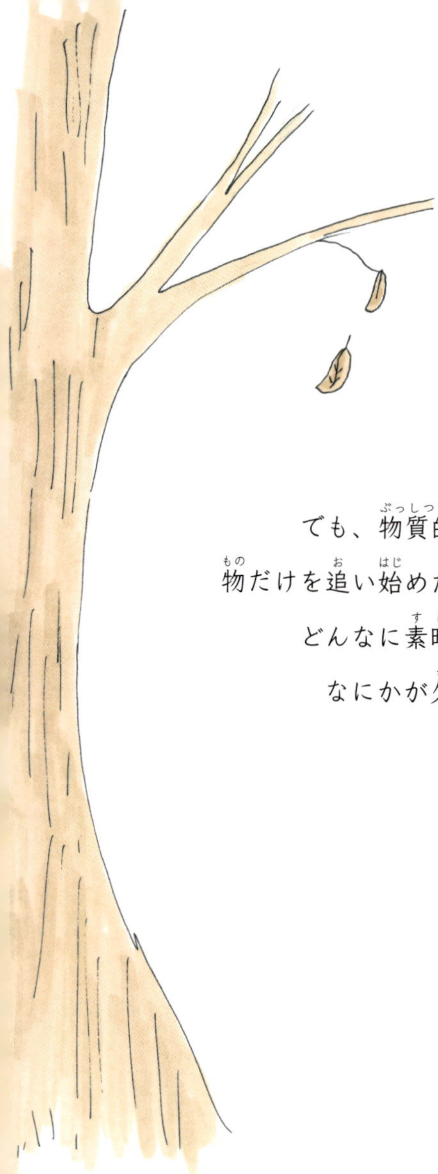

でも、物質的利益《ぶっしつてきりえき》には終《お》わりがない。
物《もの》だけを追《お》い始《はじ》めたら、人《ひと》と比《くら》べ始《はじ》めたら、
どんなに素晴《すば》らしい状態《じょうたい》になっても、
なにかが欠《か》けている気持《きも》ちになる。

「物《もの》」の幸《しあわ》せは、一時的《いちじてき》。

その物《もの》がなくなったら、一瞬《いっしゅん》で終《お》わるから。

誰《だれ》にでも、もっと深《ふか》くて長《なが》い幸《しあわ》せ感《かん》がある。
人《ひと》を喜《よろこ》ばせた幸《しあわ》せ、心《こころ》が感《かん》じる充実感《じゅうじつかん》、
時間《じかん》がたっても時代《じだい》が変《か》わっても
ずっと残《のこ》る心《こころ》の満足《まんぞく》。

これを知《し》ってしまうと、
ものすごい喜《よろこ》びの世界《せかい》に入《はい》る。

人《ひと》の幸《しあわ》せに喜《よろこ》びを感《かん》じる感覚《かんかく》を味《あじ》わうようになると、
生《い》きることの素晴《すば》らしさや人生《じんせい》の意味《いみ》、使命感《しめいかん》などを
感《かん》じ始《はじ》め、毎日《まいにち》がますます豊《ゆた》かに楽《たの》しくなります。

目《め》に見《み》えないいろんなものに感謝《かんしゃ》をしよう。

世界《せかい》は人間《にんげん》だけで成《な》り立《た》っているわけではなく、

自然《しぜん》や宇宙《うちゅう》のたくさんのありがたいものが、

複雑《ふくざつ》に絡《から》み合《あ》って完成《かんせい》している。

夢《ゆめ》が実現《じつげん》したのも、

タイミングが良《よ》かったのも、

ちょっとした運《うん》のいいことも、

あなたの知《し》らないところで、

いろんなものが助《たす》けてくれたおかげかもしれない。

あなたが知《し》っていると思《おも》っているのは、

全体《ぜんたい》のほんの一部《いちぶ》かもしれない。

うまくいったときは、

いろいろなものの「お蔭様《かげさま》」と思《おも》おう。

運《うん》のいい人《ひと》、流《なが》れるようにうまくいっている人《ひと》たちは、目《め》に見《み》えない力《ちから》の存在《そんざい》を心《こころ》から認《みと》めています。運《うん》のいいことが連続《れんぞく》して夢《ゆめ》が実現《じつげん》すると、「これは自分《じぶん》だけの力《ちから》ではない」と感《かん》じ、感謝《かんしゃ》しようと思《おも》わなくても、自然《しぜん》と「ありがたい」と思《おも》うようになります。

あなたのご先祖様《せんぞさま》が、
子孫《しそん》であるあなたの活躍《かつやく》を応援《おうえん》しないはずがない。
お墓参《はかまい》りに行《い》けないときには、
心《こころ》のなかで「ありがとう」と思《おも》えばいい。
たったそれだけでなにかが変《か》わる。

あなたに感謝《かんしゃ》されれば、
守《まも》ってくれているものはますます力《ちから》を貸《か》してくれる。

気付いて
くれてるの？
わあら…

なにも起《お》きていない（＝無事《ぶじ》）というのは、
それだけですごくありがたい。

なにもなかった今日《きょう》に感謝《かんしゃ》

もし、あなたが「運《うん》」を与《あた》える立場《たちば》にいたとしたら、
一生懸命努力《いっしょうけんめいどりょく》して、まじめに明《あか》るく頑張《がんば》っている人《ひと》に
プレゼントしたくなると思《おも》う。
国《くに》や世界《せかい》や地球《ちきゅう》の幸《しあわ》せを本気《ほんき》で考《かんが》えている人《ひと》の夢《ゆめ》は、
どんどん助《たす》けてあげたくなると思《おも》う。

「運《うん》」に応援《おうえん》される生《い》き方《かた》をすればいい。

地球《ちきゅう》や宇宙《うちゅう》に喜《よろこ》ばれる生《い》き方《かた》をすれば

あなたの夢《ゆめ》は必《かなら》ずかなう。

夢《ゆめ》に向《む》かう途中《とちゅう》の道《みち》で

出会《であ》いたい人《ひと》に出会《であ》い、今《いま》の人生《じんせい》での役目《やくめ》に気付《きづ》き、

生《い》きていることに幸《しあわ》せを感《かん》じられますように。

あなたの夢《ゆめ》が

かないますように

おやすみ
今日も頑張ったね

［著者］
浅見帆帆子（あさみ・ほほこ）
1977年、東京生まれ。青山学院大学国際政治経済学部卒業後、ロンドンに留学し、カーテン、ベッド、椅子などを扱うソフトファニッシングを学ぶ。現在、エッセイストとして活躍中。著書には、『あなたは絶対！運がいい』『わかった！運がよくなるコツ』（以上、廣済堂出版）、『大丈夫！うまくいくから』（幻冬舎）、『あなたの運はもっとよくなる！』（三笠書房）、『宇宙につながると夢はかなう』（フォレスト出版）、『いつも忘れないで。』（ダイヤモンド社）など多数があり、海外でも翻訳されている。また、企業や学校での人材教育に取り入れられるなど、幅広い層の読者から支持されている。
http://hohoko-style.com/

あなたの夢がかないますように

2009年11月12日　第1刷発行

著　者——浅見帆帆子
発行所——ダイヤモンド社
〒150-8409　東京都渋谷区神宮前6-12-17
http://www.diamond.co.jp/
電話／03·5778·7234（編集）　03·5778·7240（販売）
装幀————こやまたかこ
カバー・本文イラスト—浅見帆帆子
製作進行——ダイヤモンド・グラフィック社
印刷・製本—大日本印刷
編集担当——酒巻良江

ISBN 978-4-478-01188-1

◆ダイヤモンド社の本◆

いつも忘れないで。

浅見帆帆子［著］

これさえ知ってれば、きっと大丈夫！　誰にでもうまくいく道が用意されていると気づけるから安心できます。何だかうまくいかない時に、そっと開いて思い出してほしいメッセージ集。

●四六判変型並製●定価(本体1200円＋税)

HOHOKOスタイル

浅見帆帆子［著］

いるだけで幸せな空間をつくることは、心を明るくキープする方法のひとつだと思う――日々に幸せをくれる、お気に入りのインテリアとライフスタイルが満載です。

●A5判並製●定価(本体1400円＋税)

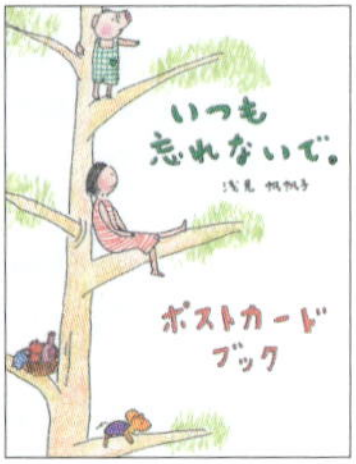

いつも忘れないで。
ポストカード・ブック

浅見帆帆子［絵と文］

大好評『いつも忘れないで。』のイラストが素敵なカードになりました。幸運のパワーを受け取れるシンプルで素敵な30枚のポストカード集。大事な人に贈ってください！

●A6判変型並製●定価(本体1000円＋税)

http://www.diamond.co.jp/